Je dédie cette image à Bob Sène
du Café Lombard,

Editions La Banque des Femmes
Sèvres, 2022
ISBN 979-10-92290-05-9

**Ce livre s'adresse à un public averti,**
qui a fait plusieurs fois le tour du cocotier.
Vous êtes fumeur, artiste, rebelle, vous avez
une double culture, vous avez un peu voyagé,
c'est à vous que je m'adresse.

Quand vous ne faîtes pas partie de ce cercle
très particulier, je vous invite je vous demande
de laisser cet ouvrage, de choisir un autre
livre.
C'est un livre pour écorchés, pour éveillés*
J'ajoute à mon public, que ces lignes me sont
descendues en 1999, la terre a tourné un peu
depuis.

Je dédie cette image à Bob Sène du Café
Lombard,
Il n'existe pas mais c'est pas grave,
Il aurait pu exister !

Je blague, je reviens de L'Iguane café, rue Jules
Ferry,
Un grand monsieur Jules, Ferry. Père de
l'éducation nationale, celle dont nous avons
bénéficié tous, tant bien que mal et pas si mal que
bien.

Pour la première fois dans le monde vous avez
autant d'humains qui ont à peu près la même
éducation de base.
C'est important l'éducation.
Que voulez vous faire avec des gens mal éduqués,
En wolof *niakka éduqués* est plus juste, il signifie
en insuffisance d'éducation, ou inappropriée
d'ailleurs, ou mal assimilée encore : problème de
digestion, mal d'estomac.

Regardez les gens qui ont des maux d'estomac, en
général ce sont des chieurs, vous avez beau leur
expliquer, ils chient captent pas, n'arrivent pas à
…co-mmuniser.
On va dire ça comme ça.

J'envisage présenter ma candidature à l'élection
Chef d'Etat du *.
J'ai hésité entre prendre chef d'état France ou
Sénégal, j'ai préféré *.
Je ne sais pas pourquoi. Je suis amoureux de *.
Depuis tout petit.
Les filles me disent *Philippe marions-nous*, mané
len…
**Ah les filles**, je suis déjà marié !

Bref avant de présenter ma candidature, mon père
m'a conseillé de demander à 10.000 personnes, ce
que vous en pensez de moi.
Peut-on valablement me présenter
Voilà le programme que je propose.

Je vous présenterai les personnes avec qui
j'aimerais travailler, mon équipe

- Qui a dit championne du monde ?
- Il en faut une, de toutes façons, première
  puissance mondiale, autant choisir les *ais, on
  sera moins stressé qu'avec les américains.
- Culturellement d'ailleurs, * mériterait, cette
  première puissance naturelle.

Bon je parle doucement pour pas vous affoler. On va y aller doucement hein les gars, on va le prendre ce putain de pouvoir et on est une bonne équipe, vous allez voir ce qu'on peut faire quand on est chef d'état. Car c'est une équipe qui est chef d'état, c'est une équipe,
Village *.

Capito,
Rien que les mentalités, changer les mauvaises mentalités, vous n'imaginez pas le résultat en 5 ans de répétitions, il faudra mettre en message le message, en musique je veux dire, feuilletons style Marimar,
Par exemple une jeune fille de la ville va au village, pour une banale histoire de roue crevée, se retrouve seule la nuit au milieu des baobabs, ensablée parce qu'elle a insisté, et crevée à gauche derrière, non à droite ça fait Pluss peur, parce que si elle répare et qu'un voleur vient, elle n'aura pas le temps de courir démarrer…vous avez compris le film ?

Arrive un grand noir.
Suspens.

« *Voyage à Cuba*, dit l'hôtesse avec une voie sucée,
*Bienvenue welcome on board Air* *,
Voyage 1 semaine à Cuba, tâter le terrain comme
disent les filles. Chuuuut.
Alors vous filmez les images de 200 *aises en
goguette du côté de Cuba, à un carnaval, avec un
lion pas trop collant, le thioff rangé à la maison,
- *Voyage d'étude mon chéri, j'y vais pour
travailler.*

Et effectivement un avion Cuba St Louis chaque
semaine, oui,
St Louis, Port au Prince, Cuba, Miami.
Et retour St Louis direct. SI les cap verdiens à bord
sont sympas, on vote pour les déposer en passant.
L'équipage vote, les passagers votent et même la
roue d'atterrissage a une sonnette pour voter.
(Ps : sonnette chauffante)

Bonjour *, vous aurez un drôle de chef d'état moi
je vous le dis, *di né niu reittann bé…* en tous cas
vous voyez, on vient de monter une bonne affaire :
200 hommes d'affaires voudront embarquer dans le
taxi, trop tard il y a déjà 150 filles, commerçantes
et femmes d'affaire et artistes comédiennes
drianké.

Bilaye ! depuis les feuilletons Marimar là, les filles ne rêvent que d'aller rencontrer un gouverneur par là bas.
*Côté Amérique yoyu,* comme elles disent !

Bilaye drianké Clinton nexxna looola,
Wayé dafa diaffé,
- **Trooppp la la wax**,
- do muna nosss, muk, uihpyyhi,
- C'est du bon wolof non,

C'est normal un chef d'atat doit passer l'examen wolof c'est normal, il faut un minimum de compréhension quand même,
je signale aux critiqueurs qu'on est en examen de wolof, pas de français ça viendra, en wolof on dit cheF de lAtat.
Ecoutez bien la prononciation.
Latat. Le chef de latata
Ah là j'ai fait une faute, encore que wolof munna wax tamitt : qui wolof la bugueu con, bu demé be bindé : lata bo paré insisté sur ta, tata,
**The word lalata means another feeling then**,
c'est une façon cosmique de dire que ce l'état là qui est bien mal en point au niveau du moral, et qu'on sabote bien bon nous tous.

Abdou Diouf a raison de nous dire à nous, *écoutez c'est à vous d'être civique finalement, ce n'est pas à l'état de vous OBLIGER à respecté sa Bopp.*

Supposez que l'on chante tous ensemble pour encourager les ouvriers de Senelec qui sont en train de gagner leur pari finalement, car c'est eux qui sont en train de reconstruire la nouvelle usine, Et c'est eux les syndicalistes soi-disant, les techniciens, c'est eux qui vont gérer directement l'outil de production, les Canadiens l'ont dit carrément et en toute confiance.
**Ce partage de la Senelec est un excellent partage avec Hydro-Québec.** Car bon, au début on redémarre la centrale, mais ensuite, Senelec va pouvoir reprendre la fameuse centrale de Mannantali, qui va être prête et n'a pas encore une équipe pour la faire tourner. Marché de la sous-région.
Senelec peut bien emporter le contrat,

Vous verrez, Mademba Sock va se retrouver à la tête du syndicat d'Hydro Québec.
Ce sont d'excellents techniciens nos *ais, si les canadiens ET les français, leur ont fait confiance leur confier entièrement la responsabilité de toute l'électricité du *, technique Et administration,
Eh bien c'est remarquable !

Eh quoi, 120 ans de début de mise en place disons
de partage, 1880 disons,
Gorée et St Louis ont enfanté Dakar ! Enfin !
Après 300 ans de mariage un babé,
On le surnomma 'Dakar, un accent **avant** le 'd.
Eant est une façon de vous signaler attention, noyez
votre *en* pour comprendre.

L'ordinateur docile me propose compaq dès que je
commence à taper comp

Comprendre Compaq,
A chaque fois que le clone prononcera comprendre,
il pensera compaq. Ce que l'on appelle la publicité.

Et je suppose que les amateurs de compaq ont à
cœur de comprendre justement, c'est une bonne
chose. Dans le monde d'aujourd'hui, il vaut mieux
augmenter sa dose de compréhension, sinon…c'est
vite compliqué.

Mais voyez vous la relance d'Air * est justement
une relance de l'emploi technicien. Le monde
entier a besoin de plus en plus d'excellents
techniciens avions, capables d'assurer une
maintenance impeccable et agréable, y compris une
couverture dans le train d'atterrissage
-  et un sandwich et un coca, dit une petite voix,

Hé oui rendons grâce au héros,
Grâce à lui le ciel mondial va se libéraliser.
Air baye fall pourra desservir Kingston New York
et même Cuba New York direct,
Air baye fall * peut le faire bilaye !
Le partage !

**Lolu rekk *, le partage.**

Je ne vais pas vous dire que je vais faire chef d'atat
7 ans de suite et ne pas faire mes business en même
temps, pourquoi pas, je suis un chef de famille
comme vous, j'ai envie de noss comme vous.
Le chef de l'état n'est pas un superman
quand même.
Ni un prisonnier quand même. Pourquoi ça.

Parce que vous même vous n'arrivez pas à assurer,
alors vous reprochez au chef de ne pas faire ce que
vous…**bagna sonna** !

* mo munna bagna sonna !
Et je suis *ais, je sais de quoi je dis (c'est du
wolof).
Vous voyez les copains, si la maîtresse vous dit
« c'est pas du bon français », vous lui répondez,
c'est du wolof madame.

Mais il faut encore que votre wolof soit subtil, en bon wolof même l'insulte doit être bin tournée, mise en scène avec humour et…parachute de rattrapage pour le candidat éjecté.
Bagna danu quoi,
*** bagna danu,**
Règle n° 1 au programme scolaire : apprendre à tomber, et à moins tomber ou à tomber parfois parce que c'est la vie, **djangue goudi**.

Je voudrais que l'on organise
**Des djangue goudi dans les écoles de quartier le soir**,
Après le feuilleton, des cours de cuisine-alimentation, des cours de réparation de motos et mobylettes, des notions de mécanique théorique, adaptées aux réparations courantes des véhicules que nous avons.
Des cours de business des cours d'éducation.

Par exemple si les jangue guddi enseignent le soir, disons 2 soirs par semaine, à éviter les pollutions de fumée de véhicules, alors en 6 mois facilement, tous les mécanos du pays sauront régler les niveaux de pollution diminueront, banalement, yala baxna !

Mille francs 1.000 francs le cours,

Banalement un technicien empochera 40.000 la soirée,
Dont 10.000 pour la caisse de l'école,
X 4 profs par soir x chaque soir,
Budget de secours de l'école *aise, calculez bien, mais il aura donné aux 40 élèves, de quoi réparer maintenant des pots d'échappement plus efficacement et avec moins de frais, à 1.000 francs le réglage, ces mécanos ou apprentis auront vite fait de trouver 40 clients pour deffar sen oto à 1000 balles la passe. *Té do sakahx dekk bi, djigen y di la tchippi.*

Parce que une voiture qui pète **bilaye dafa niaww**,
Les gens ne regardent pas leur set setal mais leurs voitures sont moches vraiment, mal entretenues, jamais réglées, toujours déréglées à cause des cahots, vous les voyez dans une superbe Mercedes, mademoiselle à bord, ils louchent sur une fesse qui traverse, et boooOOOO,
Bo OOOO, OOOO ? OOOOO,
Ils démarrent tout fiers en…laissant un sale nuage noir senn guinaw, bilaye

S N G
Bilaye.
C  NG d'ailleurs on devrait dire,
Conseil national des gOwernoORs

Sénagal akessé goOwernord kessé,
Gowernor,
C'est du diola authentique.

La pnctuation gowernor en fin de phrase chez le
(parlant) **diola,**
La ponctuation disais-je, subliminale, indique une
insistance sur un point précis, mais avec délicatesse
et compréhension, langage d'initié.

Tout le jeu du diola est de voir si tu es autant initié
que moi, c'est pourquoi on a l'impression, qu'ils se
battent tout le temps mais non, …ils discutent avec
vous.

Par exemple Diamacoune n'a jamais envoyé de
coup de poing à quiconque quand même.
Voyez vous, l'histoire n'a pas dit si le coup de
poing n'était pas prémédité, lourd de symbolique,
voire commandité.

C'est comme la sombre histoire de Soumbedioune
qui n'a pas été belle du tout, Fann n'a pas dit toute
la vérité ce jour là. Qui habite à Fann ?
Qui s'entraîne à Fann ?
*Yonne boba la*

Le wolof a cette noblesse de dire,
Mais il n'ose pas dire,
Tandis que pulhaar DDit, au contraire,
Ce qui fut reproché à …

Parti Socialiste.
Excellent parti d'opposition.
A de grandes chances d'être majoritaire à
l'Assemblée nationale et…c'est ça qui m'embête
un peu,
Hm hm,

OOh je leur fais confiance. Un peu trop même !

L'honneur suprême pour un Chef qui a régné 18
ans quand même, 36 ans jusqu'à l'an 2000, soyons
généreux,
Il ne serait pas convenable qu'Abdou n'entre pas
dans l'an 2000 en notre nom à tous,
Il le mérite, on donne bien une médaille aux
valeureux fonctionnaires, on organise des soirées
dansantes pour le départ des coopérantes, pourquoi
pas une année dansante pour le Bon Voyage du
couple présidentiel,
Premiers fonctionnaires ex-aequo de l'état de la
nation, appuierait Senghor.
Abdoulaye Senghor a sacrifié son nom pour l'offrir
à Abdoulaye.

Voyez vous Senghor avait un choix, que Dieu avait
mis devant lui :
Il pouvait donner le pouvoir aux Senghor les
seniors,
Il a choisi de le donner à Abdoulaye, le jeune
l'innocent l'encore vert,
Pour le laisser mûrir, lui donner sa chance une fois
dans sa vie l'humanité,
**Senghor toujours vert ; souvenez-vous de
l'image.**

C'est la symbolique et l'entrée de Senghor dans
l'histoire, accrochant définitivement toutes les
modes culturelles du monde libre, désormais libre,
Dotant le * d'une Jeunesse et d'une Verdure :
**Message de Culture.**

On dit * 156ème ah aha ahh, voulez vous qu'on
compte en culturel mes amis, niveau an 2000,
**Palmarès des nations les plus cultivées,** qualité de
vie palmarès niveau de connaissance, ouverture
spirituelle expérience de la vie, relations humaines
relations amoureuses, en famille,

Culturellement le * n'est pas du tout 156<sup>ème</sup> non non, j'en connais beaucoup qui seront derrière, **Wa waw,**

-

Alors imagines lecteur, électeur, imagines toi électeur des 10.000, en 5 ans d'augmentation culturelle, qu'est ce qu'on peut obtenir comme niveau d'ici 2005, si on s'y met vraiment.

Car vous savez, ce n'est pas moi tout seul qui vais faire le *. Si un chef vous dit je peux conduire un pays tout seul…laissez le faire, sortez du bateau ! Eh bé non,
**Moi je serai votre entraîneur, votre motivateur, carburant d'idées et mélange de solutions** présentations les uns aux autres,

Par exemple je peux aller voir Bill Clinton, avec Jessie Jackson, et soumettre le volet culturel St Louis Cuba Washington.

Une compagnie régulière basée au * peut introduire sa demande de ligne sur cette route aérienne, et c'est au ministère concerné maintenant, le tourisme, d'aller étudier le dossier avec les ministères de tutelle des USA et de Cuba. Une affaire purement technique. Maintenant le ministre du tourisme le nôtre, peut aller faire une visite officielle là bas, avec l'avion présidentiel, et en profiter pour évoquer la coopération

C'est du lobbying disent les uns, de la diplomatie disent les autres, Niasse est excellent à ce jeu là.

Le ministre de la Culture, que nous aurons élu, celui que vous allez choisir, ira annoncer officiellement à ses collègues et à la presse, l'organisation avec CNN et l'Unesco d'un festival africain américain cubain à Saly en l'an 2000, Inviter Fidel Castro et Hilary qui adore danser paraît-il, comme Bill d'ailleurs, je suis sûr que notre couple d'ambassadeurs l'ancien, le jeune américain amateur de lutte, pourraient parrainer notre invitation officielle au Couple Présidentiel des Etats Unis d'Amérique.

Après tout, ces gens sont des *ais, en 2 ans ils se sont intégrés comme jamais, ils sont très sympathiques, ils discutent avec tout le monde, je propose d'offrir à chaque couple sympa d'ambassadeurs, la nationalité *aise avec passeport diplomatique, *

Libre à eux d'accepter ou pas,
Publiquement ou discrètement,

Mais dans le cœur ils seront *ais et un jour qui sait, nous irons dans leur pays et il faudra que quelqu'un nous facilite nous introduise tel dossier.


C'est pourquoi moi je dis, proposons la nationalité *aise sur Internet, nous avons tout à gagner à être 200 millions de *ais, 1 milliard pourquoi pas si les gens acceptent la nationalité.

Avec un système **de parrainage moral, 5 *ais de bonne moralité, reconnus,** qui attestent que vous ferez un bon *ais,

C'est l'enjeu mondial les cocos, 100 millions d'américains vont prendre la nationalité *aise et les toubabs n'y pourront RIEN !

1 américain sur 3 sera *ais. En l'an…disons 2010 ? Et toutes les québécoises en tous cas, auront la nationalité. Car au * une femme pourra, si elle le désire, avoir 2 maris, 2 hommes dans sa vie officiellement, protection des enfants.

Pour les anglophones, on ne sait pas, on attend de voir les résultats de la finale Senelec.


Car si le test avec Hydro-Québec France est satisfaisant, nous avons de bons chantiers à confier aux canadiens,

J'ai besoin de 1000 blondes pour monter un projet de reboisement dénommé « Bois de Djembé ».

Une immense forêt naturelle de djembé qui va
refleurir tout le Ferlo.
Et les canadiennes sont championnes de
l'environnement surtout pour les forêts
écologiques.

Pour nous *ais il y a un autre marché qui va donner
lui, les 20.000 emplois que nous cherchons :
J'invite tous les formels et informels réunis,
A creuser dès février l'an 2000 un immense canal
qui amènera l'eau du fleuve directement de Kaédi,
de façon qu'un mauritanien puisse venir en bateau
jusqu'à Tiel, fleur du Ferlo, ce sera un projet de
coopération Mauritanie * car les chefs d'entreprise
et commerçants mauritaniens pourront librement
gagner des marchés sur le chantier.

**Alors les réserves pastorales de Doli, d'Oldi
Débokol de Lindé sud, de Sab saré, eh bien
recevront l'eau du fleuve 6 mois par an.**
Pourquoi 6 mois ?
Eh oui en hivernage il pleut et le fleuve lui a besoin
de se gonfler, donc on ferme les vannes, et la terre
alors est bonne pour cultiver, on appelle ça le diéri,
elle est riche en humus elle est gorgée d'eau, de
sable du fleuve mêlé de dune rouge,
Elle est bonne elle produit vive,

Alors sur tout le tronçon **Kaédi*Tiel**, région du Ferlo,

Les jeunes pourront cultiver le lit du canal ou vendre cette terre pour enrichir d'engrais la plantation de djembé.

Nous allons planter 1 million d'arbres à djembé.

Le marché mondial du djembé est de 1 million par an. Rien que les djembés musicaux.

**Warratuma** les sacs en peau de djembé, les sacs à djembé, les chaises à djembé, les tchourray au bois de djembé, danse djembé vacances djembé stages djembé, warratuma les millions de chèvres à commercialiser en **cuissot de djembé.**

Alors au milieu des arbres fruitiers et des légumes bio et du mil bio et de l'arachide bio et du cajou bio, l'eau du fleuve circulera, alors ce sont des millions de *ais heureux je crois !

**OU alors vous devrez changer de chef d'état.**

Mais pour ajouter encore, voilà que les jaloux de l'équipe Niasse, vont lancer une plage qui remontera de la mer de Foundiougne jusqu'à la plage de Tièl, en passant par la belle plage de Diourbel,

**L'équipe Niasse peut le faire, la mer jusqu'à Touba !**

Si si regardez la carte des tracés, la rivière fossile passe par **Faoy** Fatick **Niakahr**, jusqu'à Diourbel direct, à Diourbel d'en profiter pour aménager une belle plage, s'ils veulent recevoir des touristes, car la mer remontera par ce chantier-sentier (*vous voyez, le wolof…*)

Et nous allons faire remonter la mer pourquoi pas, jusqu'au cœur du Ferlo, au milieu de la forêt de djembé, immense et toute **ferte** (syncrétisme de **forte et verte**)

En passant par Dioulo, **Kael près de Mbacké**, Taïf (je crois qu'il y a Taïf aussi en ARABIE, jumelage culturel) puis entrer par Sadio Gassane Tièl, même un marigot près du ranch de Doli, où **j'aurai ma résidence officielle dans la province de St Louis.** ET j'organiserai un grand bal officiel à chaque passage dans la Région, les officiels basés à St Louis auront intérêt à se décentraliser vite fait, et comme le bal durera 2 jours, vous aurez tout le temps de les coincer sur vos dossiers dans la journée.

**Non, une résidence officielle par région ne coûte pas d'argent : elle en rapporte.**
Autoroute Touba*Mecqua, c'est possible. Un chef d'Etat en exercice peut proposer au Roi d'Arabie Saoudite, un tel volet culturel de coopération spirituelle.

Nous pouvons faire le geste d'offrir la Présidence du Chantier à cette entreprise saoudienne Ojeh, En pool maintenant avec…

Pour ajouter en symbolique, nous pouvons même **proposer une bretelle Jérusalem**. Relier 3 villes saintes en l'an 2000, à l'initiative du *,
Je pense que Abdou Diouf saurait m'accompagner et me présenter à Son Altesse le Roi Fahd, à son Excellence le Général Ehud Barak, accompagné d'une délégation officielle religieuse, *aise,

Car voyez vous, il s'agira pour les entreprises des 3 pôles, de travailler sur le même chemin, et le temps de travail commun tisse des liens, et sur les aires d'autoroute, vous aurez des mosquées, des églises, des temples, des synagogues et des bois sacrés,
Dans l'ordre la jeunesse.


## AN 1000 : LA GENESE : AN 2000 LA JEUNESSE

Etes vous d'accord *ais debout, pour que dès le mois de mars j'aille en voyage officiel en Arabie,
Saluer les différents Chefs de ces Régions, c'est une politesse,
Mais aussi me recueillir devant les lieux saints, des 3 communes si l'on peut dire (!), humblement, pour un Chef d'Etat qui commence à travailler.

Car je vous dis Liguey *, Ligey rekk mo munna avancé, et qu'il s'agisse du chantier Autoroute ou du chantier mêler le fleuve de mer et d'eau, le fleuve de Djibo et le fleuve de Niasse, traverser le Ferlo regardez bien cette carte toute jaune au milieu, elle coupe notre pays en 2, fait fuir les populations en 2, simplement **parce qu'on a laissé les canaux naturels se boucher,** par paresse, par ignorance, niakka *ais ne cherchons pas d'excuse.

Et les tubab philosophes se sont arrêtés en sifflotant *voyons où en étais-je, ah oui la vallée fossile doit forcément monter ou BIEN descendre* mais pas les deux, alors le temps qu'ils réfléchissent, le vent de sable chaque année du désert, le vent de sable peu à peu.

- Ah ben oui disent les paysans, on construisait les routes goudronnées et le train, on n'avait plus le temps d'entretenir le village ni curer les fossés !

- *Bon, les gars du village ne sont pas trop filoches non plus, mais,*
- Oui c'est vrai, il y a un peu de vrai quand même, *

Un temps pour tout. Maintenant que les routes sont
à peu près en état, construisons les routes d'eau,
après tout, on a bien le droit de circuler en pirogue
au milieu du *, la loi ne l'interdit pas (à vérifier)

Ou en voilier avec solarium sur le toit, chambre
sous le toit, oui M'dame !
Le tourisme français, belge, hollandais peut nous
organiser ça, le tourisme fluvial, le commerce
fluvial, le reboisement de canaux ils connaissent
bien, ont fait leurs preuves.
**Pluss de partenariat, moins de coopération.**

Toute coopération doit disparaître avant 5 ans, être
remplacée systématiquement par un échange,
partenariat à échange d'égalité.
Exemple : vous financez nous construisons, chacun
récolte sa part.
On échange des prestations de service.

Ainsi dans le projet Fleuve et Eau de Djembé, nous
pouvons intégrer au chantier vert 10.000 jeunes
immigrés de retour, 10.000 ex-candidats à
l'émigration, et 10.000 jeunes un peu marginaux
qui dérangent la jet society des villes bourgeoises
de Flandre, de Navarre, les exclus, les réinsertions
ils appellent ça, chez nous ces jeunes seront les
bienvenus et s'ils passent l'examen ils pourront

monter un petit bar coolos dans la forêt de djembé ou sur une des plages du sentier d'eau ferlo.

Car l'eau circule, l'eau est bonne. Il ne faut pas chercher à faire ou descendre ou monter, il n'y a pas à choisir eau de pluie eau de mer, c'est je crois la même eau au bout, non, ou bien je ne serai pas un bon chef d'Etat.

Qu'en penses tu *, **ndorr u guedj wola ndorr u pitchi, mba du ndorr, mba niakka origine mba**

C'est la même eau qui se transforme et selon les saisons, la pression s'équilibrera naturellement entre l'eau douce et l'eau de mer.

Par système de diguettes, en 3 ou 4 ans l'eau de pluie lave les terres salées (les jeunes auront cultivé le sel), cette terre deviendra bonne et cultivable, cinquième hivernage le maraîchage commence.

Et des cuvettes naturelles permettront de décanter l'eau de pluie, de la récupérer avec un peu d'ingéniosité, et des filets en plastique bleu recyclé, pour filtrer un peu  et sinon boire : arroser, laver, purifier, augmenter la verdure donc l'appel d'eau, et le puits sera consacré à la seule boisson.

Ah c'est du travail à aménager, ça demande des solutions à la fois simples et astucieuses, ça demande une bonne entente entre les informels, les formels, les projets techniques de développement, Ce n'est pas facile non, mais nous *ais, nous ne sommes pas des petits poulets non plus, nous sommes ingénieux, débrouillards, motivés quand il le faut, honnêtement un *ais ne peut pas vous dire que Non, **lii ken munu ko organisé**, c'est impossible.

Peut être il vous dira « *non, les *ais ne voudront pas le faire sérieusement, je ne crois pas* » mais techniquement, humainement, financièrement vous savez bien que oui, rien de diable…si les *ais arrivent à s'entendre entre eux.

C'est notre principal problème vous savez.
Sinon le * est vite riche.

Alors mon objectif durant ce septennat, c'est de faire en sorte que les *ais se parlent et se rencontrent, d'un coin à l'autre, d'une culture à 2 autres, par delà les rivières, par delà les routes par delà les frontières, organiser le dialogue, amener un vrai débat, et une mentalité surtout, une mentalité de dialogue franc et honnête, sans plus racisme ni supérieur ni histoire ni jalousies ni sokhoOr ni hypocrites, bilaye !
Ce sera un grand pas en avant,

Car j'estime que travailler 7 ans à fond à conduire un peuple en avant, projeter le * sur orbite An 3000,
Ça mérite une bonne retraite après,
J'irai vivre du côté de Scandinavie par là, puis continuer au Mexique, je sais que le destin me conduit vers cette distance spirituelle.

Car je suis mystique, guérisseur et sur un chemin de rédemption spirituelle, le matériel et donc l'épreuve de conduire la nation 7 années pratiques, sont une des épreuves que Dieu m'a confiées, une mission,
Chaque croyant sur terre reçoit une ou des missions, c'est Dieu qui décide je crois, nous acceptons ou …bloquons la manœuvre alors il faut revenir comme on dit, avant d'accéder à la vie éternelle.

Et il se trouve qu'en Scandinavie se trouve une des clés de la religion des femmes, appelons ça comme ça, **Amara Esséli vous en dira plus,**

Vous savez la civilisation rune, les baltiques, les Vikings, les celtes cousins, la Lance Inuit, siège du Grand Froid Silence imaginez la qualité d'une

prière dans la nuit d'un igloo plein Est quand le soleil se lève, la force de prière,
Et puis au Mexique, la puissance religieuse qui ne doute pas, civilisation Aztèques et tout ça, moi qui suis un passionné, j'aurai plaisir à aller étudier ces prières et augmenter ma propre capacité à prière moi aussi.

Je suis mystique apprenti. Après ma retraite, j'irai chercher l'étoile du maître dans cette zone de prédilection, chacun ses hobbies, il y en a c'est les bandes dessinées et les Champs Elysées, moi, …la prière, Scandinavie, Mexique.

J'ai un péché j'avoue,
Je crois qu'un peuple a droit de savoir les défauts de son chef, ou plutôt du candidat chef que je suis, si les 10.000 premiers sont convaincus,

Mon plus gros pêché je crois, c'est que j'aime les blondes, * ça m'a beaucoup traumatisé et je me sentais coupable, mais j'ai vu devant Dieu et devant toi *, j'adore les jolies blondes toubab et si tu me permets une vie privée…merci !

Chacun son petit pêché. **Il y en a c'est le xaliss. Moi c'est les blondes.** Si vous l'acceptez ce volet, j'invite 10.000 blondes à s'installer parmi nous, dans un village où elles veulent, et même, en guise de partenariat nous du Sud pouvons offrir au Nord 10.000 parcelles de bonne terre dans l'intérieur.

Alors le métissage utile, de village en ville d'art. Car une blonde qui s'installe au village, 10 copines qui viennent lui rendre visite, 100 mètres sur 100 mètres pour bâtir un nid et poser un atelier, un établi, une chignole ou une framboise, même un début de campement, 10.000 blondes je vous dis, c'est pas mal de jeunes qui n'ont plus envie d'émigrer. Surtout dans le train d'atterrissage.

Car le film du Nord, ne montre pas que des autoroutes métalliques et des balles de coup, qui font mal comme on a mal, les images du Nord montrent des thioff, des mecs qui assurent, pas des fainéants comme ces toubab *ais,

Les images du Nord inondent le Sud de belle blonde et de jolies brunettes,

Alors les gars, quand ils regardent les images, que croyez vous qu'ils fissent, quand passent…et repassent les filles toubab sopé, que l'on voit carnavaler dans les films, les revues, les magazines,

Claire Chazal tiens, voulez-vous commander une enquête : **combien de *ais suavent devant Claire Chazal interrogeant Abdou Diouf en direct sur A2**, la dévorent la dégustent lui promettent…

Tout en faisant l'œil sérieux quand même,

Car il y a du racisme au *, beaucoup de racisme envers les toubabs beaucoup de racisme envers les li ba nais, pas normal pas beau, trop de racaisme.
Disons-nous la vérité.
J'ai bien conjugué racaille et racuse.
Eh vous voyez, le Français !
Racuse hein camarade, R'acuse pour ceux qu'ont pas chopé. *Les Portugaises ensablées* me dit un jour mon surveillant auvergnat. J'étais VE Xé alors !
'pensez, mon père est portugais, cap verdien mais les wolofs ne s'y trompent pas, ils insistent : portugais et c'est vrai, le cap verdien est un vrai portugais et il adore jouer le portugais mais il se le cache.

Origine du conflit Bissau : ils veulent une ligne directe Cacheu – Portugal.
Sans passer par Cap vert toujours cap vert cos 'a d'capverdiano,
Car Amilcar était un peu

Dur avec les (coutumes) nègres ! Vous savez entre cap verdiens notre langue permet de se dire des choses.

Bosés sabé, noss é um boucadou fier de nous même hein, des fois, noss ta tricha un peu, hein, sans se l'avouer. On est un peu ra…re à comprendre le noir en nous.

Vous avez beaucoup de cap verdien ici, * ou Bissau, qui ont disons, très bien compris le jeu local, mais ils continuent à se prendre pour des toubabs, donc ils ne voient pas nos solutions.
Ils se disent étrangers parmi nous.
**Cette phrase doit être rayée de notre vocabulaire.**

L'héritage de l'histoire,
* est un royaume avez vous compris,
O mon peuple béni,
Sois *,
Royaume Spirituel

Tu es. Tu seras.

Fin de l'émission.
And'ak' silenns'

Je vous remercie.


Ainsi je demande aux 10.000 la parole,
Je demande le passage,
Je demande le madial,
le partage
Je demande *
**K'KassumaI**

Le peuple mandingue et l'empire Pulhar seront
réunis par delà l'eau du fleuve et l'eau de la mer, au
milieu du Bois de Cas'mance,
Car vous l'aurez compris,
BOis de Casamance sera le nom de la forêt de
djembé, au milieu du ferlo. Et le fleuve Gambie
pourra s'y connecter. La navigation doit être
possible entre le fleuve Gambie et le fleuve *. Est
ce qu'une loi l'interdit ? le déconseille ? Non !


Utiliser l'eau de mer,
Apprivoiser l'eau du fleuve,
Augmenter l'eau de pluie,

Récupérer les eaux usées,
C'est possible c'est la même eau. Objectif
Ministère de l'eau.

Arroser du feerlo' avec du bois de Casamance,
avouez…
Excellente coopération. Naturelle.
Car la solution est culturelle, tout bonnement.

Quand 10.000 jeunes du maquis voudront
participer à cet emballant projet d'une forêt
construite par nous en plein milieu de Ferlo, rien
qu'entre nous *ais, reboiser tout le Ferlo avec du
bois de Casamance et de l'eau de Mauritanie et de
l'eau de Mali et de l'eau de Gambie et de l'eau de
Saloum,
**Et de l'électricité Senequébec,**
Mais dîtes moi,
Dans 5 ans, nous serons fiers devant l'histoire.

L'Homme, *ais, aura travaillé pour l'humanité. Et ensemencé pour mille milliards d'années ; Aux femmes de jouer.

En 2007 on organisera l'élection **de la Première Présidente de *, pourquoi pas**. Il y a bien des élections Miss, pourquoi pas une élection de Chef d'Etat Miss dans 7 années d'ici, le temps de s'entraîner.

Car voyez vous nous sommes des hommes et des femmes dans ce pays, ce bout de terrain où Dieu nous a posé, et hommes et femmes nous avons mal à être ensemble, ce n'est pas juste entre hommes et femmes, les agressions virtuelles harcèlent quotidiennement l'homme masculin *ais, toutes nationalités,

Et la femme Casamance est fa^chée, elle bloque le pouvoir, **elle est là, toute la rivière qui** nous sépare.

Dans le monde entier une guerre permanente et perpétuelle divise, oppose, réunit, rejette, re-guerre entre femmes et hommes, c'est la seule guerre mondiale véritablement, et là carrément monidale même.

**Charchez** dans le dictionnaire !

Avant on se promenait librement dans la forêt la savane la cascade, et la nature était généreuse, le bois profond, on se rencontrait librement et discrètement, les enfants grandissaient ensemble alors…allez savoir qui est qui, le village se déroulait tranquillement de ce côté là.

Mais les lois de l'autre côté en voulant fixer des règles impératives, ont tout faussé le jeu, par **jamousie** ou par dépit. *

Une femme aujourd'hui est condamnée à n'avoir physiquement et véridiquement qu'un seul mari dans toute sa vie, même pas à un bout d'essai de temps d'antan, c'est pas juste ; raison de la colère des filles.

Elles ne le diront pas bien sûr, je les vois farouches préparer une riposte, les femmes détestent qu'un homme perçoive leurs secrets internes,
Or je suis spécialiste démineur de pensées subtiles féminines, avec l'air de ne pas comprendre qui me caractérise,
Et les filles me disent parfois (en général) : ooh Philipe, tu m'insupportes !
Elles sont dures avec moi les filles.
Elles veulent le gâteau tout cuit.

1 million de *ais rêvent de rencontrer une toubab,
1 million de toubabes rêvent de rencontrer un *ais,
c'est comme ça, faîtes un sondage, vérifiez,
(Et revendez le sondage à la presse du Nord)

**Pourquoi refuser de nous rencontrer,**
Chacun dit *« oh j'aimerai bien mais sur une autre
planète où personne nous verrait.*

Les amours que vous décriez entre jeunes et
« vieilles » entre guillemets valables pour vieux
toubab aussi,
Mais c'est du fossile !
Extrêmement sensuel, des rapports conflictuels,
passionnants, pleins d'enseignement, amoureux
fous, à se battre parfois avec le cœur vraiment, ce
sont des sauvetages incroyables.

Les amours de Saly sont de très belles amours ne
croyez pas. On appelle ça baiser parce qu'aimer
semble tabou entre *aises et *ais,

Mais oui Saly c'est l'amour osé.

Vous savez à Saly le toubab se rend compte qu'il est **aussi de Saly** que le *ais finalement, et même qu'il est aussi *ais voire plus *ais même que certains *ais,
Et à Saly des *ais qui vivent se disent mais, *finalement moi je suis toubab moi aussi, je suis plus toubab en tous cas que ces nègres qui viennent rôtir leur blancheur dans les hôtels,*

Et chacun se découvre comme ça, une autre parcelle de vie, c'est formidable !

A Saly vous avez des gars qui vous parlent avec l'accent de TOULOUSE ou de Bergamo ou de Milano, et vous jurez que ce gars là a vécu sa vie en Bergame, mais non, **mais son grand-grand-grand géniteur d'un soir de tempête, lui était de Bergamo**, et le sang est resté, alors retrouvant des gens de Bergamo …
Le « **noir** » se souvient « *ah, avant j'étais blanc, mon ancêtre avait coincé ma verte grand-mère de 14 printemps aux mangues sucrées spacieuses,*
Eh, l'histoire se souvient,

A Saly un gars débarque avec femme et enfant et retrouve par hasard, le demi-frère de son grand

père, car l'aïeul avait caché **qu'il avait eu des enfants et en France et dans le Saloum.** Mais on savait que le grand père venait chaque année vendre des parfums entre Saly et Foundiougne, avant de rejoindre sa famille en campagne française.
Famille Théophile Jammes en fait.
Histoire du * et de la France ne remonte pas d'avant hier.

Ce que l'on appelle dédaigneusement « colonisation » est la première étape positive de la décolonisation mondiale de tous les pouvoirs oppressants du monde entier,
Il a fallu passer par là mais on est passé et ça a marché, la décolonisation est mondiale, 7 milliards d'individus réclament l'indépendance totale.

Je ne vois pas pourquoi les casamançais veulent qu'on écrive ça sur papier, une vie humaine ne s'attache pas à un bout de papier.

L'indépendance est virtuelle la Casamance est virtuelle tout ça c'est des noms des codes, l'esclavage c'est fini, à qui appartient un être humain.

**Les femmes ne peuvent plus tenir les hommes en esclavage en les obligeant à se comporter d'une manière réductionniste,
Ce n'est pas juste,**

Ce que j'appelle la grève des hommes. Un jour les hommes décident de faire la grève à la femme. 7 jours pour rigoler.
Les femmes avaient beau faire, les hommes ne leur parlaient même pas, certains traîtres se vendaient la nuit mais en général la grève fut respectée sur tout l'ensemble du territoire Un an et un jour,
Les femmes sortirent le slip blanc au sommet du **ma^t** !

LIBERTE ! LIBERTE.
Vos enfants ne sont pas vos enfants…
LIBERTE ndeyaasan'

Pourquoi éduquer nos enfants séparément, ne sommes-nous pas une même famille.

Regardez, si nous envoyons nos enfants de la ville au village, travailler un peu aux champs avec les enfants du village, eh bien ils vont s'amuser et apprendre à planter, à récolter, à économiser l'eau précieuse, à moins faire les enfants gâtés, à découvrir la nature, les animaux, et même, à être

respecté pour leur travail, sans parler des fêtes de récolte,
Alors,

Eh bien à la rentrée le gosse du village peut venir à la maison, et aller à l'école pour tous avec leur copain ou leur copine de la ville, et ensemble, si vous avez une petite cour, ils vous feront pousser quelques légumes voire du mil de saison du bissab du nététou du diakah du manioc de la tomate des fraises, sans parler des poussins ramenés du village sans frais, et un complément nutritionnel agréable, culturel d'ailleurs.
Apprendre à un enfant à se nourrir.

Je crois que l'école doit viser à ce qu'un enfant arrivé à la classe 8*12 ans à peu près, sache entre autres, se nourrir et cultiver sa propre alimentation. Pêcher et élever un poulet ou une chèvre, ou échanger des plantes médicinales contre un hamburger, les plants cultivées en pot entre deux poses Nintendo, c'est la jeunesse d'aujourd'hui.

Alors l'enfant est sûr que quoiqu'il arrive, au bout
du monde, tout boutchou qu'il est, il saura se
débrouiller pour manger
Al KhamdulaI,
C'est déjà beaucoup,
**Ne plus avoir faim, être capable de nourrir sa
famille dès 10 ans,** imaginez combien ce gamin est
prêt à avancer dans la vie.

Regardez nos étudiants qui ont faim. Mais s'ils
savaient cultiver ou faire un peu d'élevage
expérimental, ils pourraient manger bien, sans
bourse délier, ventre plein étudiant content.
*Mais Niakk dolé rekk !*

C'est pourquoi épouser un Syndicaliste étudiant à
l'élection présidentielle de *, hm, j'ai pas trop
confiance voyez vous. Chhhhut.

Autant dans le Fouta, les sensibilités sont très
sensibles au charme du syndicalisme étudiant,
Le plus bel exemple de réussite communiste au vrai
sens, est dans le Fouta,
C'est un modèle de société.

Je dis que Djibo Ka a toutes les compétences pour être un bon Chef d'Etat, car il sait apprendre et son retour est remarquable…d'humilité, d'efficacité aussi.
Il a le courage et la foi.

Les français connaissaient bien Podor, Matam, Bakel, les maures les nuits de fleuve, ce n'est pas d'il y a 10 ans cette histoire là,

Eh bien je trouve qu'un chef d'état n'aurait pas trop de toute une vie pour s'occuper de région Fouta, c'est une réalité naturelle région de Fouta.
C'est un royaume c'est un empire. Les pulhaar et c'est leur noblesse, disent simplement : **Futaaa**.

A partir de Richard Toll, vous demandez « où va cette voiture », on vous répond invariablement : FUTTAAA !
-   Et les futtaa commencent à parler !
Seigneur je me souviens on émotion quand dans le car autour de moi, j'entendais de moins en moins du wolof mais plutôt une langue nouvelle, une langue fraîche et surtout beaucoup de rires, beaucoup de rires mais de rires :

On va dire ça comme ça, vous êtes prêt,

Allons-y !

Djibo Ka a déjà fait partie de l'équipe au pouvoir finalement, sans lui…tout le monde a compris, le premier jeune au pied de l'équipe, étudiant jusqu'à ministre d'état, c'était le premier il a fait de son mieux, humainement, il le dit il est très correct de ce côté, humble, un véritable débat semble animer les commissions du parti, bien organisé, beaucoup de jeunes, 25 ans 1 million de jolies filles, Djibo Ka les a dans son parti,

Alors Djibo PEUT, hypothèse, décider qu'il préfère se consacrer à l'équipe de terrain maintenant, à l'encadrement des jeunes à partir de Futta, résidence officielle à Futaa, un palais bien sûr, représentant du Chef de l'Etat au Futaa,
Nous en avons besoin

Carte Blanche de moyen et d'action. Dans le respect des règles du jeu établies par l'Assemblée nationale, d'accord parties,
Joker au Chef de l'Etat, jusqu'à consensus unanime,

Je n'entends pas gouverner autrement car je ne vois pas, comment on peut gouverner autrement, je veux dire efficacement.

Vous savez un gouvernement, c'est un prestataire de service finalement, à son peuple, c'est un travail.

Vous voyez comme on parle de César de Napoléon de l'empereur de Chine, on parlera de Senghor le Sine, en l'an 3000, on le citera couramment, **des jeunes du monde entier,
Sauront que xalé * munna xalat !**
Oyé

Bilaye. Merci Alain le partage.

Alain W futur Chef de la Côte d'Ivoire, 22 ans, artiste plasticien, photographe, cinéaste Vidéo, écrivain il rédige ses scénarii sur des cahiers recyclés avec du papier Sococim, les sacs de ciment,
Il y colle quelques feuilles ou bouts de bois pour le décor, et il les offre ou écrit, peint, dessine, cherche le partage. La formule magique du partage.

Alain est le Einstein du partage, or le MOnde en a bien besoin, de cette science de partage.

Wadal expose à La Galerie, Ile de Ngor du petit déjeuner au coucher de soleil, il vous reçoit,

Alain lui, habite sa petite maison au dessus des rochers, pas mal tenue pour un célibataire de 22 ans débarqué comme ça de **AAbad'ja** il y a 15 mois pile, en taxi et train clando, retrouver un Philosophe Joe Ouakam et son père spirituel Bouna Médoune Seye.
Grand MOnsieur Bouna Médoune Seye.
Famille Lébous Wakam.

A wakam si vous êtes calme ça va,
Si vous n'êtes pas calme…
Clin d'œil,

2 ans après Alain a sa maison au bord de la mer et expose dans la Galerie la plus cotée au *. Et je crois si on vérifie : dans toute l'Afrique de l'Ouest il n'y a pas de plus grand marchand d'Art que Gaston, mon frère, je vous le présente,
**Gaston Madeira, viens, viens allez ne sois pas timide**, il est timide mon frère c'est le meilleur il est le meilleur je vous le dis la larme joyeuse, humble, les gens qui connaissent Gaston vraiment, le respectent.

Un Grand Monsieur. Sa Teranga est Exemplaire. Il a un copain vice-président d'une multinationale en finance de bourses et tout ça, multi milliardaire mais Gaston lui, s'en fiche de tout ça, ce qui

l'intéresse c'est de pousser ses peintres comme il
dit, ses artistes, si quelqu'un aime bien les artistes,
connaît les artistes, c'est Gaston.
IL se présentera lui même.


Et maintenant voici le Ministre du Saloum,
Candidat à Bour Saloum par la même occasion,
En tous cas représentant du Chef de l'Etat au
Royaume du Saloum. La mentalité n'est pas la
même en royaume, question de noblesse culturelle.

Beaucoup de leçons à apprendre du Bour Saloum.

Alors ce sont des gens comme ça qui ont leur mot à
dire dans toute situation finalement, car quand le
représentant du Chef de l'Etat dit au Chef de l'Etat,
TEL tel et tel, eh bien le Chef de l'>Etat comprend
que c'est aussi le Bour Saloum ou le Président de
Futaa qui lui parle, donc, mieux vaut réfléchir
ensemble un consensus.
Vous savez les premiers opposants d'un Chef ce
sont ses chefs à lui, ses ministres son équipe ceux
qui l'entourent,
Ceux là peuvent l'enrichir ou le descendre,
Par fausses pudeurs de dire.

J'attends de mon équipe qu'elle me désigne qu'elle
me critique me remette sur les rails franchement
c'est normal, si je te choisis dans mon équipe, c'est
que tu es Roi toi aussi, sinon, tu ne serais pas là
Ou moi je ne serai pas là,
En tous cas,


Une équipe jeune *, en l'an 2000 une équipe jeune,
show some respect, show some human feeling got
to be cool all right you got to show some respect
show some Love, to your elders oh eyé !

A say o yé yé yeah !
KIngston jamaïca Youth libère le monde entier de
l'esclavage du mental slavery, génération Bob
Marley regardez la jeunesse d'aujourd'hui,
évoluée !
Jamaïca libère la jeunesse mondiale.

LA PRESSE OUI LA PRESSE.
Gaston sera chargé de l'organiser la presse, je ne
vois pas pourquoi la Casamance n'aurait pas un
magazine couleur, un quotidien, sur Internet,

Je ne vois pas pourquoi aucun casamançais ne se lance dans le créneau Radio, ils ont la chance de pouvoir arroser et le * et la Gambie et Bissau, et eux surtout pourquoi ne s'arrosent-ils pas d'une bonne radio de qualité mondiale, bon sang, ils ont peur de vivre en brousse, les casamançais ou quoi,

Qu'attendez vous pour l'organiser votre royaume vous avez des milliers de jeunes sans emploi et le seul emploi que vous sponsorisez c'est…les fausses luttes,
**Lutté ja caba, papa !**
Ah elle est belle l'élite casamançaise. Ils sont où les CADRES RESPONSABLES de la Casamance soi-disant.

Même pas capable de présenter un projet concret de réorganisation modernisation de la Casamance, on va dire ça comme ça ils n'auront vu que du feu,


Hein, les casamançais chefs et les casaçais CADRES soi disant, il est où votre cadre justement, votre loi cadre je plaisante,
Eh bien non, ces messieurs attendent que les messieurs en cachette aient fini de chuchoter à **Bakau** : *« que disent les gars, hein, ils veulent négocier, hein, vraiment hein, que disent les gars*

*que disent les gars, hein, vous croyez qu'on peut causer avec les gars heu, qu'est qu'on leur dit qu'est ce que l'on dit »*

LA CASAMANCE A PEUR EN VRAI DE CAUSER AVEC SENEGAL.

Où avez-vous vu Casamance écrit sur 20 pages, voilà en photos ce que nous vous proposons, aimablement et sans gesticuler.

A Paris j'ai causé avec Nkrumah le seul l'unique,
Mais j'étais terrorisé, je croyais que le gars allait me sauter à la gorge ou sortir un couteau bilaye, j'étais pas rassuré, il doit être de Bissau je crois,
Bref,
Landing lui, **mané ko,** Grand, bien, il faut qu'on cause,
- *Munné ma Wii je suis oCcupéé !*
Nekka ak païAbdoulaye Wade di raconté senexploits
Alors di dem di niow les repas officiels, les repas, xamgeue, les pa's *ais dal !

N'empêche, moi je n'avais pas envie d'y aller dans la rue, eux ils y sont allés, il fallait l'ouvrir cette porte.
HOMMAGE A FAMILLE WADE.

Vous voyez on ne peut pas payer Abdoulaye Wade, mais on peut faire que FAMILLE WADE dans le monde, soit très connue et respectée, on leur doit une belle publicité.
Honnêteté, Moralité, Intégrité, Respect dans la dignité,

Famille Wade vos enfants sont fiers et ils peuvent marcher la tête haute dans tout *.
J'offre un passeport diplomatique à chaque enfant FAMILLE WADE, pour 7 générations, cadeau de l'histoire,
Origine fille ou garçon, égalité WADE

Contribution à l'Histoire de *.
L'Education. Le Courage de Dire

Merci * merci.

Quand j'aurai récolté 10.000 fois vos 5000 de cotisation avec vos signatures j'irai m'inscrire inch'allaH

Ministère de l'intérieur, et vous enverrai une photocopie dédicacée du récépissé d'inscription et payement de la caution.
Candidat Indépendant. Le Chef de l'Etat décemment ne peut pas appartenir à un parti, il ne peut pas se présenter…au nom d'un parti c'est illogique.
Chef d'Etat a un rôle.
Parti a un autre rôle.

Il faut choisir.

Moi j'ai choisi. Il y a d'excellents partis sur la place, pourquoi en créerais-je un autre, ou inscrire à un autre, je n'ai pas vocation à un parti, j'ai vocation à *.

Alors, une blague pas si blague que ça,
Je vais aller à Paris, je vais rencontrer Claude Chirac, il paraît qu'elle est jolie et j'admire beaucoup sa mentalité son parcours sa jeunesse c'est une reine qui est humbel,
Eh bien, bon…

Enfin vous comprenez, supposons que…eh bien, elle …et moi aussi oui, on... Enfin…vous savez bien, parfois ça arrive dans la vie, imaginez le pire peut arriver, après la cérémonie officielle je la raccompagne avec la Limousine eh bien…

Ah ça ferait une belle histoire dans l'histoire de France, la France championne du monde e l'amour, la Vrance

Mais au Danemark il y a des Princesses officielles et je me disais, supposons que par hasard, ils aient une jolie blonde à marier, de bonne famille lignée de 7 générations fortune solide, bien éduquée eh bien…
Arrive un élégant Chef de l'Etat du *,
Il danse à merveille,
- Ah bon, mais je croyais qu'il n'y avait que des noirs au *, vous êtes vraiment *, me chatouillera t-elle dans l'oreille, tout en valsant,
- RhuuuUm, l'entraînant dans un Zouk je lui réponds, « Viens voir ma Casamance, terra di minha païe, viens voir ma Casaman-ance viens je te monterai
- Elle sourira, se pressera contre moi « VOOOD Ka mon amOOOR, les femmes russes parlent comme 9a.

- J'adore la vodka et les femmes russes, égéries
  es' poètes. En Russie pour avoir du succès dans
  le monde des filles, il faut être poète et bien
  chanter, les femmes vous adOOOrent !

Le partenariat avec la Russie doit être intensifié, je
crois qu'il faut leur donner une chance. Offrons un
champ à 10.000 russes dans un des villages
multiples de la sous région, qu'ils viennent
s'installer.

En échange les russes ont beaucoup à apporter dans
l'industrie, et nous avons besoin de transfert
d'industries. Les familles russes n'hésiteront pas à
investir chez nous, s'il y a des russes formés et
qualifiés sur place, les fameux 10.000. PLus leurs
enfants.

Idem avec le Japon. J'apprends que de nombreux
japonais de 60 ans et plus, riches d'expérience et
actifs, rêvent de venir en vacances 2*3 mois au *,
se chauffer un peu les os, s'ils peuvent louer une
petite maison tranquille, tracer leur jardin Zen au
pied d'un baobab, dans un parc aménagé.

Je réponds, oui ! * peut offrir cette Teranga là, ce
sera l'occasion de les connaître, à cet âge ils sont

heureux de transmettre leur connaissance et nous, heureux d'apprendre,


C'est l'occasion de rentabiliser un avion direct Osaka Tamba,
Alors chaque semaine 400 commerçants *ais peuvent aller explorer le marché japonais, faire le tour des marchés littéralement, en voyage organisé s'il le faut, avec des guides économiques des guides culturels des guides politiques.
Premiers mariages, premiers enfants, grandiront,


*          Mondial


Kafuntine peut devenir comme ça une sorte de ROCHER exotique,
-   tropical précisera Gaston, tropical, avec le doigt
    levé,

-   Eeh vous avez vu Abdou Diouf parler à la télé
    avec ses mains, il est beau hein, quand il parle il
    a une majesté, les gars ont fait les malins mais il
    a joué avec eux, ils étaient impressionnés.

-   Parfaitement parce que ce sont des impertinents,
    on dirait que la presse se résume à critiquer.

Jamais d'analyse, jamais d'ouverture au dialogue, la presse est carrément lepéniste à Dakar

- Mais là Abdu les a bluffés, il a un bon guérisseur moi je le sais, je suis guérisseur alors je vois bien le progrès de ses guérisseurs à lui, il y en a un nouveau là, depuis 2 ans,

Tiens je vous raconte un secret : savez vous pourquoi Abdou a rompu avec la Chine.
Eh bien il y avait un acuponcteur chinois qui travaillait Abdou Diouf mais il faisait mal, il faisait du bien mais il faisait mal,
Pa' bi noppi, dem annulé contrat ak Chine, bo paré *wax ah monsieur je suis désolé, le peuple ne comprendrait pas que je garde un guérisseur chinois,* nous avons divorcé

C'est l'avantage de la médecine japonaise, elle passe plus facile.
La médecine japonaise officielle peut **guérir la moitié des hôpitaux** de tout le *,
Avec comme seul invest : des mains humaines.
Pas de médicament pas d'aiguille pas d'appareillage non : des mains humaines d'un cœur humain ?
ZeN

Alors beaucoup de ces jeunes de 60 Zen qui vont
venir en vacances 3*4 mois, ce sont des guérisseurs
officiels de cette médecine japonaise
SHIATSU
La médecine Universelle
GUERIT TOUT avec les mains humaines
Et le souffle de vie, le souffle la vie
Zen, ça dit en japonais,
Asseyez vous mes frères, je vais vous enseigner
l'art japonais.

Vous pouvez mettre Dieu dans chaque partie de
votre corps, Shiatsu libère cette capacité, Dieu nous
l'a donné,

Je suis un chef d'état sans chaussure, regardez, au
moment où je vous parle je suis sans chaussure,
elles ont disparu inexplicablement à la mosquée, je
suis sans chaussure. Et même un talibé m'a offert
une paire diakhar pour me dépanner, 500 francs je
les paye 750 dans les boutiques à Ngor,

Je suis fâché, Dieu pouvait bien trouver une autre
punition que prendre mes chaussures,
J'ai une différence de 4 cms entre ma jambe droite
et ma jambe gauche, disent les médecins.

La jambe droite avait arrêté de grandir en un moment donné (j'étais précoce et mon père s'est inquiété)

Donc je porte des chaussures sur mesure et compensées mais ça ne se voit pas, mais je vous le dis quand même parce qu'un chef d'état, vous avez le droit de connaître sa santé,
J'ai fait faire un bilan de santé au niveau de l'hôpital militaire Principal,
Le Professeur Perrette à la Clinique Brévier tient le dossier à votre disposition,
Il me reste 2 ajustages, un en cortisone et un en psychiatrie, j'ai tenu à faire un bilan complet à ce niveau là aussi, un chef d'état qui se présente pour 7 ans doit être bien équilibré psychologique, c'est important.

Et leurs conclusions sont aussi à votre disposition :
Ais-je une bonne santé mentale à bien diriger un Grand peuple un Grand pays.

Tu vois * tu dois observer de ce chef que tu choisis, tu ne dois rien te cacher de lui, connais-le choisis le bien, car vous allez vous engager,
Plus de temps à perdre.

Car les discours les projets, les belles phrases tout
ça c'est des envolées,
Un chef en mauvaise santé, un chef qui ne fait pas
de sport, vous savez déjà que le jeu sera compliqué,

Un chef qui a des défauts cachés ou qui aurait
menti ou cogné.

Moi j'ai donné un coup de poing une fois, à un
chauffeur apprenti de Mercedes blanche,
Je revenais de Saly à 6h du matin, la brume de
février, il fait un demi-tour au milieu de la route
j'arrivais à 100 à l'heure sur le rail de Mbao
autoroute, juste là,

Le gars je le chope un peu plus loin. Il refuse de
descendre du car et même file se garer plus loin
bull falé,
Mon sang ne fit qu'un tour,

J'ai plaqué mes résolutions pacifistes pour une fois,
**mané ko tchipp** j'ai bondi en suspension jusqu'à
hauteur exacte de sa fenêtre, bing déclenché benne

coup de poing, direct au visage, togn quoi mais
Togn bien mat, ça a fait le bruit tchicc,
Mané ko waɪïe ! dieureudieuff way/.

Je me suis retrouvé entouré par 40 apprentis, au
milieu de 3 cars rapides, et ma voiture au milieu, et
le boxé qui descend d'un air très fâché,

Bon en les moralisant doucement j'ai réussi à
monter dans ma voiture
Doucement, et marche arrière
Un peu moins doucement,
Avant qu'ils ne réalisent ! Ouf !
 J'ai juste eu 2 baffes sur la carrosserie, j'ai senti le
vent, Carine m'attendait à la maison, en face de la
Présidence. Je trouvais ça drôle, je préparais mon
entrée en scène comme Président, et le hasard me
présente une jeune fille qui se fait offrir un studio
en face de la Présidence, vue sur les jardins, 4
pièces grandes ouvertes sur la baie de Gorée.
Fabuleuse baie de Gorée.

Cette femme est belge et elle me fait remarquer
« *non, <u>une</u> belge, c'est pas : une flamande <u>et</u> une
wallonne, non* » elle n'est pas sensible à mon
argument diplomatique,

Et moi je suis africain, je ne peux pas renoncer à ma *ité, pour faire plaisir à une Comtesse Polonaise capricieuse.
Carine Van Ruymbeke est une jeune Comtesse Polonaise installée en France et en Belgique depuis 2 siècles environ,
Disons au moment où Faidherbe s'approche du *, juste avant, à peu près à cette époque apparaît la famille van Ruymbeke en Belgique.
La branche non revendicatrice si l'on va dire,

Mais elle est capricieuse et je ne badine pas avec les petites filles capricieuses. Je considère qu'un Chef d'Etat a le devoir de baptiser autant que possible, sincèrement moi je vous dis,
C'est ma façon de voir les choses, mais ça c'est ma vie privée, je vous en parle juste, c'est pour que vous sachiez aussi, je n'aimerais pas que vous veniez me faire des histoires de Clinton, disant que vous ne saviez pas.

Savez vous ce que les américains reprochent à Bill Clinton ? ce n'est pas qu'il ait fait hm hu dans le bureau payé par le contribuable, non,
C'est le fait qu'il l'ait fait : **sans leur DIRE**. Voilà le grand reproche existentialiste des américains du sud (comparé au C'naada) il faut tout le temps leur dire qu'ils sont les plus beaux, aux américains du

sud, et qu'ils sont les meilleurs et que les méchants sont moins bons qu'eux, eux les ricains du sud de la Rivière, les québécois parlent comme ça.

J'ai une femme au Québec, enfin, une blonde on dit là bas, mais je la prendrai bien pour Laitière, euh ambassadrice de la culture québécoise au *, ça je trouve que c'est un poste important, qu'elle peut faire beaucoup de travail à ce poste en 5 ans, avec les nouvelles technologies qui cherchent des jeunes bien formés et l'éducation canadienne est très appréciée dans les écoles du tout le *,

Donc une Ambassadrice culturelle, c'est encore plus important qu'une ambassadrice politique qui reste assise à son bureau sans rien faire, et qui voit que des papiers que des papiers et encore des coquetels moches, même pas dans un village de brousse.
Un projet de développement canadien qui investit des millions de dollars dans le reboisement, et quand ils font un coquetel d'inauguration, c'est dans un grand hôtel fermé de Dakar, même pas louer un bus et amener tous les officiels faire une fête à la canadienne dans un village avec les gens du village concerné, les agents de terrain et toute l'équipe, non :

Que des chefs et dans un local moche, enfermé
dans Dakar, et même pas inviter les villageois en
pluss§ Que c'est leur projet !

Voilà comment parle France Pelletier et si son
gouvernement accepte de lui confier le susdit,
J'en ferai une reine de Casamance. En 5 ans, la
coopération culturelle entre nos deux nous va
basculer.
Bienvenue dans l'autre monde.

Toutes les écoles de Québec et du * doivent être
connectées dur Internet avant 2005,
Avec niveau d'équivalence pour qu'un enfant
puisse aller alternativement et librement, entre les 2
écoles quand il a envie, c'est ça aussi le droit de
l'enfant, vivre dans le pays où il veut et à son
rythme plus souvent, les droits de l'enfant sont
bafoués constamment et connement, ce n'est pas
juste,
Il faudra fermer le ministère de la femme,
Il a fait son travail,
Et maintenant ouvrir à fond les manettes,
Le ministère de l'enfant, parce que l'avenir, c'est
ça c'est l'avenir de nos enfants.

Choisir un Chef c'est quelqu'un qui peut donner
des véritables chances à nos enfants, et dans

l'avenir des enfants à venir dans 500 ans qui sait, ça fait partie du travail d'un chef d'équipe, au service de *, de servir l'enfant *.

Si nous passons le cap des 10.000 et des 20 millions, vous aurez un numéro de téléphone où appeler à tout moment pour parler avec Philippe Charifou et poser une question ou donner votre avis sur une position précise, ou glisser une idée obtenir une précision utile, un complément de dossier,

Chaque citoyen doit savoir exactement et par oral, en quoi consiste le programme d'une équipe présidentielle. Je répète, un candidat sans équipe ça n'aurait pas de sens, il faut une bonne équipe pour.

Déjà une centaine de haut dirigeants INTEGRES et compétents,

Compétences à la rigueur, vous savez le rôle d'un ministre n'est pas de faire tout le boulot du service, prenons le tourisme que je connais bien, 12 ans d'expérience dans le transport, le guidage, l'organisation de voyages culturels, la consultation la tenue d'une galerie chambres d'hôte yendou sur l'île de Ngor, l'école de Saly :

Ce que les jeunes demandent à Saly c'est simple : 2 choses, qu'on les laisse occuper un bout de terrain de l'immense forêt pour ouvrir une boutique ou un campement chez l'habitant ou un atelier d'art, et qu'on les laisse parler tranquillement avec les toubabs.

Les jeunes de Saly peuvent payer sans problème, chaque mois tant pour le loyer et tant pour parler avec les toubabs sans qu'on les dérange,

Eh bien c'est des dizaines de milliers d'emplois naturels moitié toubab moitié *ais tout de suite, toute la forêt de Bandia en Casamance se remplira vite de coins et de recoins, les jeunes adorent ce mode de vie. Vivre Libre dans la nature. Sans flic mais avec auto-discipline.

Et je vous rappelle que 60% de la population a moins de 20 ans, bien vrai qu'un enfant ne vote pas mais un enfant de 2 ans n'est pas moins *ais qu'un enfant de 71 ans,
Je crois, et son avenir est plus concerné en tous cas, donc, 60% si je compte bien de la politique doit être en faveur des moins de 20 ans,

Logiquement, en wolof : **cci yOne**.

Cci yone laisse supposer à l'antagoniste que vous pouvez vous tromper, il existe peut-être une solution plus logique mais yakarnako vous ne croyez pas !

Mais ainsi l'antagoniste a une porte de sortie, il peut soutenir mordicus son opinion et vous le respectez quand-même,
Pourtant vous savez bien tous les deux qu'il raconte des bobards, mais vous lui reconnaissez ce droit, lui de dire NOn, je ne suis pas d'accord.

C'est un dispositif fondamental de la philosophie, arme de paix dans la résolution des conflits.

Regardez le règlement de l'affaire du Kosovo.
Politiquement c'est un imbroglio.
Philosophiquement la diplomatie wolof propose une analyse une autre approche car au fond, c'est un conflit philosophique que Milosevic est en train de conclure, il est dans le mauvais rôle de l'ours noir ;
Avant tout le monde le poussait en avant, maintenant les mêmes le poussent en arrière,

Les gouvernés sont-ils vraiment francs envers leur dirigeant.



Madeleine c'est une femme donc c'est normal, mais Bill, Bill a voté l'arrêt des ventes d'armes en liberté, c'est son peuple qui a refusé, ses gouvernés ont dit Niet : encore de la guerre Président,
USA people want war, alors Président Usa est obligé d'aller chercher la guerre, et ce n'est même pas lui qui le fait, c'est Madeleine Albright carrément qui le fait au nom du Congrès.
Le Congrès américain a muselé Bill en échange de Monica et c'est Madeleine maintenant qui dirige et oriente la politique des faits, une femme c'est une guerre de femmes un complot de femmes les femmes sont en train de préparer un complot je le sens venir gros comme une patate, et c'est pour bientôt,

Et suivez la manœuvre Hilary qui fait sa mise en place et le prépare psychologique*ment à devenir le Premier Homme de l'Etat,
Et même la jeune fille qui étudie pour succéder à sa mère, en 2007 si je ne me trompe.

- Tiens je pourrais la prendre en stage de
  vacances,

Est-ce que Papa Clinton *dina ko nangu*, je parle
sérieusement, ça amènerait les caméras US un peu
par ici, c'est bon pour la publicité du partnership.

Ok you want us to be american, ok we agree get
more american, priorité N°1, installer 10 ou 20
campus culturels à travers le pays, dans chaque
grande ville du pays, que chaque jeune *ais ait pas
loin de chez lui une sorte de drugstore culturel, où
il peut feuilleter, consulter, apprendre la langue vos
régions vos besoins vos mathématiques votre
Philosophie de vie.

Et dans chaque ville vous devez avoir des sortes de
business centre US où vous pouvez faire des
affaires et des transactions ou de la recherche
commerciale ou de la formation US, en anglais en
malinké en sussu peu importe, nous sommes
demandeurs, la jeunesse est demandeur et puis
acheteur, parce que c'est rentable.

Le jeune sait très bien se débrouiller une fois qu'il
est informé, et puis là il paye ses cours très bien,

c'est juste un financement à risque un financement
d'honneur, mais un financement rentable
Voilà ce que les américains concrets et
pragmatiques peuvent mettre en place d'ici 2 ans,
s'ils le décident, si elles les décident en fait,

Qu'en pensent les femmes vu du côté .
Je pense que c'est bien d'avoir des centres culturels
européens et puis des centres culturels américains,
et puis des centres culturels arabes, dans chacune
des villes du pays, et même la sous région, et 10
autres centres culturels si c'est tant mieux, nous en
avons besoin, il n'en manquera pas de gens
intéressés.

Alors le côté business centre permet d'autofinancer
le centre culturel, sans parler des retombées à
terme.

Si un jeune a la possibilité de dealer avec la Suisse,
sans aller en Suisse, il est bien content, pas besoin
d'émigrer.

Le véritable goulot de l'immigration est là.

UN immigré en Europe occupe un emploi d'une valeur de 700.000 francs en moyenne, plus améliore sa santé ou l'éducation de ses enfants à hauteur de 3.000 FF par mois au minimum, pendant 10 ans. Sécurité sociale incluse.
Il prive donc un « français de souche » de 1 million x 13 mois x 10 ans.
130 millions.

Bagna Immigration ? tu payes 130 millions je reste au pays.
Ça te coûte le même prix mais je te dérange pas.
Imaginez le nombre de gens qui prennent des médicaments parce qu'ils voient trop de noirs faire n'importe quoi sans que la police les arrête, c'est une facture annuelle incommensurable. Le trou noir de la sécurité sociale. Et ce sont des chiffres authentiques il y a eu des enquêtes.

Donc pour dissuader un jeune d'immigrer mais non de voyager, l'Europe à 30 millions s'en sort avec un prix de frère, 20 de plus si ce jeune embauche et recrute sur place d'autres jeunes en âge d'immigrer, formés.

Car c'est de l'investissement, tout bonnement,
Gaston vous expliquera ça très bien, passez à la
Pharmacie du Cap Vert ou sur l'île de Ngor

10 millions pour payer la formation du jeune, 1
million par an de scolarité, technique régionale et
culture générale,
10 millions pour lui installer son projet,
10 millions pour l'équipement de la commune
Et quand le jeune commence à embaucher des
dissuadés,
Ayant fait ses preuves,
10 de plus pour dynamiser sa croissance,
Et une prime de 10 pour l'équipe de formateurs et
l'administration qui a réussi le challenge réinsertion
villageoise, des 2 côtés de l'océan. C'est normal.

INvestir 50 millions par jeune dans le Futaa ou à
Louga, c'est peanuts par rapport au résultat si les
50 millions sont bien gérés, et il n'y a pas de raison
si le personnel est payé et même récompensé et
surtout, responsabilisé,

Ce jeune *ais va payer 1000 fois son capital, si on
lui donne sa chance : l'accès à la connaissance.

Et c'est peanuts. Parlons en Euro.
100.000 jeunes dissuadés x 50 millions

7.600.000.000 euros, 8 milliards j'arrondis toujours à l'euro supérieur, c'est la norme européenne.

Puisque Internet est à la mode, créons une Ecole de Internet dans la Région de Louga, au bord de la plage sur 4 kilomètres de plage s'il le faut, je ne crois pas qu'il y ait beaucoup d'INternet Valley en bord de plage, pour attirer les jeunes prodiges les hackers les surfeurs les bricolos, les financiers à risque du business de l'industrie internaute, en le créant à quelques heures de route d'une forêt de djembé, au bord d'une plage de 200 kilomètres, et avec un aéroport international à moins d'une heure par route ou plage,

La région de Louga je viens de vérifier, a au moins 70 kilomètres de côte extraordinairement belle, avec des vagues sauvages comme aiment les petits génies du net mondial ; souvent ils pratiquent le surf !
Ça leur rappelle l'Irlande ou la Côte de Bretagne,

Autant vous dire que notre campus de formation & pépinière Internet Valley va concentrer rapidement des emplois qualifiés pour nombre de jeunes de la région, devenir un pôle mondial du développement internet.

Alors dans chaque famille de dissuadés, vous aurez, avant 2005 je dis bien,
Si vous travaillez sérieusement,
Un jeune qui bosse dans l'industrie du net ou l'informatique, un frère qui ayant étudié le tourisme, commercialisera son campement intégré sur le net, une sœur qui sera gestionnaire à la Forêt de Djembé, une maman qui fait le commerce de va et viens par avion, un qui deviendra artiste, soutenu par frères et sœurs, une sœur justement étudiante en médecine des plantes, ainsi de suite…

La médecine des plantes est en pleine expansion, la médecine naturelle est en pleine libéralisation, le boom d'emplois et de crédits dans la médecine va s'orienter vers ces 2 créneaux, la demande est immense sur le marché mondial, les humains en ont marre de se gaver de pilules chimiques, overdose,
C'est le moment de former 10.000 de nos jeunes dans ces sciences et créneaux d'exportation.

Et puis vous avez 1 million de jeunes qui vont voyager, fuu Nekka, pendant 10 ans chacun environ, c'est leur droit le plus absolu,
Mais au lieu de les livrer bruts et décalés par rapport à la demande le marché du travail dans les pays de voyage, nous allons les former sur mesure.

Exemple former 30.000 jeunes à un métier en manque de personnel en Allemagne, et les former à s'intégrer et à respecter la culture allemande.
Et les former à établir des contacts entre gens du nord et gens du sud, de façon à créer des emplois au niveau de l'informel des deux puissances, les informels en Europe sont en fait les « chômeurs » et les « allocataires », les jeunes de banlieue qui sont doués mais en manque d'espace, ici ils seront aux anges dans la nature, sur le terrain, avec nos filles, eh oui la culture le métissage la coopération c'est tout ça aussi.

Vous commencez à avoir un aperçu du pays que nous construirons dès Mars de l'an 2000, concrètement, et c'est pourquoi j'ai besoin d'un million de personnes classe makk 20*45,
Voilà notre chantier.

Le pouvoir nous est confié à nous, et non pas à moi ou toi, pour la première fois dans l'histoire qu'une classe d'âge arrive au pouvoir en rangs organisés, avec un projet bien ficelé,
A nous de l'appliquer, pour la génération future.

Mais je vous promets une chose,
Si vous travaillez avec moi, 7 ans,

Dans 7 ans vous n'aurez jamais de problème dans votre vie, vous aurez tous monté une petite affaire. Normal.

Je crois que chaque travailleur doit être récompensé.
La charité c'est fini,
La mendicité c'est fini les salaires minables c'est fini, pour toute l'histoire du * pour les siècles des siècles. Amen.

Le salaire minimum doit être porté et sera niveauté à 100.000 francs par mois, d'ici 2 ans maximum, progressivement,
En 2007 nous devons être en partage avec le Nord salaires et normes.

Faîtes un essai,
Embauchez 6 mois un journaliste de Libé à 200.000 CFA par mois dans un canard dakarois,
Et embauchez 6 mois un journaleux cafardois dans un magazine à 2.200 euros par mois,
Vous verrez,
Exactement le sens inverse.

Vous payez les animateurs de Sud Fm au tarif Europe, dans 5 ans Sud Fm bat Europe 1 à l'audimat, je ne badine pas !

**Ministre des baye Fall : Mamadou Diongue.**
Il y a un million de jeunes (et moins jeunes) à
former, **art, artisanat, technique, technologie,
voyage, Teranga, reboisement, agriculture, bref,**
Confions cette éducation d'avenir aux baye Fall
modernisés, ils le méritent.

Chaque jeune entre 15 et 25 ans disons, aura à
passer 1an de service civil au sein d'une
communauté baye Fall, sur un des chantiers de
l'état,

Mais à la sortie il aura appris la vie en
communauté, le partage, un bon métier et
l'expérience du terrain, il gagnera sa vie, il sera
indépendant, et membre d'un réseau international
couvrant 1/2 de la planète.

Je lance un défi aux sociétés informatiques :
connectez sur la toile tous les baaye fall du monde,
vous verrez apparaître un réseau mixte, bien
implanté sur au moins 1/3 de la planète dès
aujourd'hui.
Sans aucun soutien ni reconnaissance officielle, en
étant pourchassé même, pour délit de liberté.
C'est vite fait, je crois, recenser tous les baye fall
pro *ais, et leur filer un e.mail chacun où qu'ils

soient, et chacun va signaler sa longitude économique et latitude culturelle. Les échanges ne tarderont pas à encombrer le standard, ce sera trop petit.

Mamadou Diongue anime une buvette centre d'artisanat sur la plage des Almadies, un rescapé de Mauritanie où il était comptable dans une bonne boîte, Mamadou présente-toi, tu as un million de baye fall à encadrer, former, éduquer, motiver, équiper d'un départ, encourager.
-   **N'oublions pas les Baye Sister !**

Je crois que c'est ça l'avenir proche !
Salaire minimum relevé, + 10% tous les 3 mois tous les salaires, moyennant augmentation du résultat correspondant bien sûr,
Formation professionnelle solide pour nos 10*20 ans,
Semer un marché de l'emploi qui donnera pleins fruits d'ici 2007*2005 peut-être, le temps que les arbres à djembé soient prêts à être taillés par des milliers d'artisans, le temps que la Internet Valley se fasse connaître et décroche ses premiers millionnaires en dollars,
Le temps que la formation à 50 millions et l'obtention du sans visa dans tout l'Occident libre,

le temps que l'autoroute Touba Mecqua Jerusalema
soit opérationnelle, bref,
Entrera un autre *, bon à vivre, multiculturel, nous
aurons intégré 200.000, 500.000 blondes et jaunes
et indiens et américains, 200.000 arabes, 500.000
guinéens, il y aura travail et formation et espace
pour chaque individu. Le * peut doubler sa
population sans risque car si vous voyez 2 millions
de gens dans la seule presqu'île…re-regardez la
carte vous verrez !

Au niveau du commerce, la priorité est de
réconcilier le formel et l'informel, de les
encourager à définir des règles du jeu **ensemble**, de
les mettre en contact, de traduire au début pour les
uns et pour les autres, jusqu'à ce que l'ensemble
fasse une splendide équipe.

Tous les secteurs d'activité sont concernés.
Le formel a la connaissance et l'accès aux finances,
aux secrets des toubabs, aux méthodes de gestion à
grande échelle,
L'informel lui, a l'écoulement des stocks en 24
heures,
L'informel a un réseau de vente et d'information
qui dépasse le 1/3 de la planète. Veille
technologique.
Méthodes plus simples, arguments imparables.

C'est cynique mais simple : quand le formel vend au toubab 100 FF, l'informel place à 300 facile, avec le sourire, c'est souvent le cas.

A Saly on empêche les antiquaires de travailler mais sinon, vous auriez 10.000 maisons construites et habitées par des gens au revenu supérieur au million, 3 à 6 mois par an. PLus les retombées plus l'amour.

A quoi servent tous ces beaux projets si vous n'êtes pas heureux en amour dans 5 ans, peuple du *, le but d'un chef d'état est que l'on soit plus heureux en amour d'ici 2005 c'est un but important dans la vie.

Par exemple j'invite l'assemblée à autoriser l'un des parents à garder le bébé au travail (avec lui) les 3 ou 4 premiers mois de vie, le temps qu'il commence à brailler, ce n'est pas humain c'est de l'esclavage d'empêcher quelqu'un de conserver son bébé au boulot les 3*4 premiers mois, sous prétexte de prétextes.
Ça ne diminue pas la productivité au travail ce n'est pas vrai au contraire ça amène un autre climat.
Et puis nyytt Dou machine !

Qu'est ce qui est plus important, les millions de dollar ou l'éducation l'amour des enfants, est ce qu'un enfant heureux en amour n'est pas plus heureux dans sa vie à passer ici.
Qu'est ce qui est plus important, le respect l'amour l'affection ou bien la machine.

Mon objectif mon idéal est de faire du pays première qualité de vie au monde oui, mais puissance économique non. Kohn du eggalé.

La vraie richesse va commencer à partir de 2010, là vous allez voir des jets comme du petit pain à travers les aéroports de la sous région, comme on a dit des golden boy, on dira les djembé boy's,
Nous vivrons cela inch'allah entre 2010, 2020 mais avant la base je crois, c'est la qualité de vie, le confort, la faim de la galère la faim de la famine, la faim de la santé la fin de toute fatigue, l'organisation du terroir, la conquête du territoire, la formation et l'encouragement des jeunes, le confort des anciens, une harmonie naturelle et une grande paix, non plus de guerre non plus de guerre une bonne fois pour toutes à tous les échelons,
Voilà nous, les graines que nous allons semer puis cultiver, pépinieriser, travailler les 7 premières années de l'an 2000, n'est ce pas un beau symbole.

Il faudra du courage, de la patience, de l'honnêteté pour résister aux tentations fausses, du courage pour communiquer encore et encore entre nous, se comprendre s'accorder nous sommes un peuple métis et nouveau, pourquoi faire semblant de nous connaître nous ne nous connaissons pas. Nous avons peur de nous connaître, les uns, les autres.

L'important patiemment c'est d'enlever les mauvaises mentalités, les jalousies les incompréhensions, **bagna deggë** il faudra 5 ans et alors, quel progrès dans 5 ans.

Vous avez quand on construit le plus haut gratte ciel du monde, les fondations prennent plus de temps que pour élever une basilique.

C'est le choix que nous avons fait. Tout en construisant les mausolées de Touba et Tivaouane quand même.
Et maintenant, nous allons construire une Basilique pour la paix en Casamance et devinez qui sera le curé de la Basilique de Ziguinchor…

Hé c'est normal, on appelle ça « indemnité de départ volontaire ».
Moi je dis « reconnaissance officielle des 3 religions de Casamance et de l'harmonie entre les 3 religions officielles du *. ».

Alors une magnifique basilique façon centre culturel pour la Gloire de l'abbé Senghor, chantier an 2000 baye fall de Casamance.
La paix mérite cela.

Et la basilique sera entourée d'un bois sacré recensant 2000 espèces végétales préservées, des espaces de culte seront aménagés pour les autres religions dans les clairières et la forêt sacrée qui doit couvrir au moins la superficie du Vatican.

Les pèlerins viendront du monde entier.
La basilique Senghor utilisera la technologie locale entre autres, pas seulement les matériaux.
Les pèlerins autofinanceront car le stage religieux, la retraite spirituelle multiconfessionnelle attire des dizaines de milliers de gens aisés mais en quête.

Les salaires de la fonction publique seront indexés
directement sur l'amélioration des résultats, le
dépassé d'objectifs, l'obtention de nouveaux
budgets ou économies d'organisation, la
satisfaction du public,
le minimum acquis restant les salaires au 1$^{er}$ mars +
10% l'an.

# Affaire à suivre

Du même auteur :

LES AVENTURES DE LA BANQUE DES FEMMES
-        Résumé Parfum Noir à Banque des Femmes
-        Le bal de la Banque des femmes
-        L'origine de la banque des femmes
-        La banque des femmes se glisse


L'avenir du Sénégal j'y crois (réédition)
La peur de grandir
Itinéraire d'un minable
Je dédie cette image à Bob Sène du Café Lombard
Pars
Rien que vos yeux pour clignoter


Disponible sur www.amazon.com ou www.amazon.fr
En version numérique et parfois papier


Sur Amazon vous pouvez offrir un livre à une personne, qui le recevra à son domicile.
En m'informant je pourrais ajouter une dédicace personnalisée.

J'ajoute à mon public, que ces lignes me sont descendues en 1999, la terre a tourné un peu depuis.

**Ce livre s'adresse à un public averti,**
qui a fait plusieurs fois le tour du cocotier. Vous êtes fumeur, artiste, rebelle, vous avez une double culture, vous avez un peu voyagé, c'est à vous que je m'adresse.

C'est un livre pour écorchés, pour éveillés*

Quand vous ne faîtes pas partie de ce cercle très particulier, je vous invite à choisir un autre livre.

**Philippe Vincent Alcantara**

Je dédie cette image à Bob Sène
du Café Lombard,

Editions La Banque des Femmes
Sèvres, 2022
ISBN 979-10-92290-05-9